Katharina Ingrid Godler

Die Filmstadt am Rande der Kindheit. Gedichte

An welche Bilder, Geräusche und Gerüche erinnern wir uns? Was fällt weg und was lässt sich nicht vergessen? Katharina Ingrid Godler schafft Szenen einer Kindheit und Jugend, klar wie Fotografien, ohne Nostalgie. In cinematografisch anmutender Sprache beschreibt sie den Strichregen am ersten Schultag, Adidasshirts, Polly Pocket und Bravo Hits, das Schönbrunner Licht, mit Bier gefüllte Wespenfallen, einen Markt mit Würsteldampf, die Karawankenluft, eine Urlaubsfahrt durchs Kanaltal. Verwandte, Schulfreunde, Nachbarn, Tiere und Pflanzen bevölkern ein junges Leben, bis sich in den scheinbar stabilen Alltag allmählich Unbehagen einschleicht, sanft und subtil macht es sich bemerkbar: »Wenn du schlimm bist / lachen wir lauthals darüber, / wie du hilflos brennst«
Die Autorin skizziert in klarer, starker Sprache mit kleinsten Details das Allgemeingültige, in dem sich jede:r wiedererkennt, als wäre es die eigene Erinnerung. Aber eine Folie aus Fragen schiebt sich zwischen die sinnlichen Bilder: Was steckt hinter den Erinnerungsblitzen? Ist dem Erinnerten überhaupt zu trauen? Wie hängen das Jetzt und das Damals zusammen?

Katharina Ingrid Godler wurde 1991 in Wien geboren und lebt in Klagenfurt am Wörthersee. In Wien studierte sie Vergleichende Literaturwissenschaft; an der Akademie der Wissenschaften und an der Universität Klagenfurt forschte sie zu Ilse Aichinger und Robert Musil. Heute ist sie als Autorin und Journalistin für Hörfunk und Magazine tätig. Publikationen in *Die Rampe*, *manuskripte* und *Die Presse*. 2021 erhielt sie das Christine-Lavant-Lyrik-Stipendium des Landes Kärnten, 2022 das Startstipendium für Literatur des BMKÖS.

Katharina Ingrid Godler

Die Filmstadt am Rande der Kindheit

Gedichte

Limbus Verlag

Gedruckt mit freundlicher Unterstützung von
Land Kärnten

LAND KÄRNTEN
Kultur

Die Arbeit an den Gedichten wurde unterstützt durch das Christine-Lavant-Lyrik-Stipendium, 2021, Land Kärnten

Bibliografische Information der Deutschen Nationalbibliothek: Die Deutsche Nationalbibliothek verzeichnet diese Publikation in der Deutschen Nationalbibliografie; detaillierte bibliografische Daten sind im Internet über http://dnb.dnb.de abrufbar.

Lektorat: Evelyn Bubich
Einbandillustration: © Birgit Müller
Druck: Finidr, s.r.o.

ISBN 978-3-99039-236-2
www.limbusverlag.at

Was wird es bedeuten
einen japanischen Kirchbaum zu pflanzen?
versuchte Wiederkehr des Alten?
falsche Nostalgie?

Ilma Rakusa, *Kein Tag ohne*

I
Die Frau mit der Bienenhaut

Hahn und Birkenmilch

Leintücher im Wind
Rosa vom Himmel
setzt sich vom Ziegel
ab und Fredi kräht

In die Stockrosen
haben sich Sonne
und Schatten gesetzt
leuchten in den Stoff

Milch in der Birke
Kasten und Gitter
Fenster auf und zu
reflektiert das Licht

Wiese und Frieden
bemerken nicht, das
pelzige Köpfchen
nickt, zieht hin und her

Knisternde Stauden
knicken weg, wenn der
Hahn im Korb weiter
schläft im Dämmerflug

Kalter Hund

Ein Seufzen der Tür
Nicht wie das Atmen
eines alten Herren

Ein Tönen wie der
Ruf eines Käuzchens
im Vormorgendlichen

Das Blumenmuster
anders als Flugzeug
und Vogelpaarschatten

Sie schlagen ab und
landen getrost an der
Schattenwand. Kugeln
wie ein Katzenmund
die Zottelhundträgheit

Das Ofenlodern
dann sanft wie ein Bach
mäanderndes Knistern

Sonnenaufmerksam
erst wenn sie in den
Häuserblockfenstern steht

Wenn der Blick ins Buch
erstarrt und mürb auf
Unerlässliches fällt

Ziegel und Zitrone

Cellospiel und Französisch
Ziegel im August
Neu die Wände
geruchlos der Raum

Weder dort noch da
Erloschen und flau
das Warten am Zaun
namenlos die Produkte

Kühl klatschten Hände uns zu
Im Damals oder
im Jetzt? Sie reiten
auf Mikrofonen

Stürzende Blüten
und Zitronen nicht
mehr vor dem Fenster
Schmettern lose in das Haus

Im Gedankenfluss aufwärts
das Werden und die
Weiden festhalten
bis am Strom der Biberbau

Wende in Anthrazit

Wenn Löffel schlagen
gegen die Tassen und der
Wind das Kleid streichelt

Wenn Sonnenbrillen
vorbeiziehen und der Rock
in der Taille sitzt

Die Schuhe beige
Die Röstung und in der Ferne
der Mittagskogel

Wenn das Selchfleisch beißt
und Messer gegen Eier
schlagen. Glockenruf

Wenn Fenster offen
auf den Markt schauen und der
Himmel anthrazit

Zuckrig die Zwetschken
am Mund und leuchtend gelb die
Schwammerl frisch im Blick

Gelb weiß gelb flattern
die Markisen. Dann wechselt der
Sommer sein Gesicht

Dravograd

Bussard, spannst Segel auf
wie unser Lenkdrachen
damals am Wiener Berg
Der Onkel zeigte es uns

Und heute auf dem Sattel
an der Grenze, an der
ich die slowenischen
Wörter suche, auflese

Rufst du viermal fordernd auf rauer See
Unten das Meer in Grün, ich am Hochsitz
sehe das Rollen der Grashalme

Sag, warum waren wir nicht geblieben?
Sie und die Sicherheit, der Brotberuf
umschlossen fest die Vogelbeeren

Wildrosen flussaufwärts

Einzelne Blätter
vom Spätlicht in die
Ringelblume auf
einem Platz unter
dem Zeiger so trüb

Wie ein Sperlingsflug
verblasst am Altar
Orchideen und ein
Engel. Zellophan
und ein Gotteslob

Wir halten Ausschau
Schlaf und Wildrosen
flussaufwärts. Karos
schwarz weiß. Farben in
die Vergangenheit

Industrie im Blick
am Fuße eines
Berges. Kreuze und
Fresken, die blieben
und weilen, denken

Hoheslied in die
Mitte drängen, bis
wir ankommen und
wissen. Sie blühen
nur kurz

Marienkäfer im Felsfenster

Goldregen
Bergmönche
Markisen
in Wellen
Spazierstock
am Rande
und Winken
und Lachen
Wittern den
Taubenschlag
in den Grieß

Marienkäfer
im Felsfenster
morgens ein Turm
überlagern
den Stift und die
Wiederholung

Federn und
Farne wild
im Wind durch
die Gläser
Mikado
Spiel mit mir
Gesellschaft
verbinde
Lilien
und leuchte
Erinnerung

Das Geheimnis der Birkenblühkätzchen

Und aufgefädelt
Kleinste Töpfe in Reihen
auf der Fensterbank

Bilden ein Muster
mit der Liebe zur Sonne
Köpfchen nach oben

Der Vorfrühlingswind
in den Birken die Strahlen
das Hängenlassen

Alte Musterung
Abbilder am Boden
Zu Lichtmess das Salz

Musterung in mir
Musterungen unter mir
Schwamm und weißer Sand

Die Trampelpfade
laut im Kopf. Die Fäden
Und dunkle Zäpfchen

Dort immer wieder
die Irrwege begangen
Schwimmen die Häuser

Braunweiß die Ränder
zwirbeln ab den Birkenstamm
Öffnen der Mäntel

Heben der Hauben
Sonnenstrahlen auf der Stirn
Pulloverentzug

Die Frau mit der Bienenhaut

Nach dem Familienbesuch
sitzt sie in seinem Garten
und wartet, dass Ruhe einkehrt

Sie sehnt sich nach der eigenen
Sinnlichkeit und nach dem Wohl
auf ihrer zarten Bienenhaut

Innerlich zerreißen sie die
Bilder der Kindheit und die
Gespräche der letzten Tage

Sie arbeiten nach, erschöpfen
Doch sie weiß, dass bald wieder
der Zauber in ihr wohnen wird

Sie wird wieder sehen können
wie sich das wilde Weinblatt
in der Herbstsonne einigelt

Sie wird wieder hören können
wie schnell sich das Windrad dreht
sobald die Vögel fortreisen

Sie wird wieder riechen können
wie sich das Bratenfett mit
dem verbrannten Buchenholz mischt

Die Mittagsglocken zuerst aus
Seltenheim, dann aus Tultschnig
werden das Gansl auftischen

Die geernteten Tomaten
werden sagen, man solle
lieber nach Maroni fragen

Pinienförmig spitz werden
die Apfelbaumblätter auf
dem Rasen nach oben laufen

Die volle Tintenpatrone
wird auf dem Pinienblatt
glänzen und auf die Frau warten

Dann wird sie aufatmen
sich fallen lassen können
in die schmeichelhafte Ruhe

Dorn und Möwenflug

Harmonikaspiel und
Königskerzenblüten
auf dem Weg in alte
Zeiten an den Flüssen
an denen sie gingen

Damals die Gefühle
in die Höhe warfen
und die Gräber aushoben
bis die Wurzeln erreicht
bis die Möwen flogen

Pilze an den Rändern
Sichtweisen verdecken
die Dornen im Auge
Hörst du nicht wie innig
die Schläge in der Brust?

Der dreißigste Schattenfall

Sie spannen auf
Blau. Rieseln
Leben im Wind
Trocknen aus

Der dreißigste
Schattenfall
strampelt das Blatt
im Lichtblick

Lippenwinkel
mohngeziert
Tannenmeisen
kleine Dinge

Und Sandsteine
löchern der
Meereszunge
Prägungen

Ein Mantel aus Schnee

Blick auf die Hochalm
Hummel und Gockelhahn

Schneidersitz und Distanz
Der Mäusebussard

Ein Mantel aus Schnee
haftet im Himmelblau

Aus dem Radio
die Ziehharmonika

Hammer und Handschuhe
Frische Luft und Harz

Rote Gamaschen

Die Lücken im Kopf
keine Erklärungen

Und das Fragen und das Suchen
gibt es doch gar nichts zu finden

Dick vor dem Fenster
am Balkongeländer

Die Terrasse in Schnee gepackt
ins tiefe Weiß die Katzenspur

Legt die roten Gamaschen an
macht die Tür auf, stolpert und stapft

Mit den Pausbacken der
Kleinkinder ins Meer

Polly Pocket

Das Schilf wirft Schatten
Birkenschalen
Die Föhre lehnt sich auf
Eichenlaub im März

Der Specht verliert
Bachlauf schillert
und wandert, fließt
über Hürden hinweg

Astlauf unter Bitumen
Blätter rieseln im Wind
Kanaldeckelbögen
Nusspanzer knacken

Pappeln und Paparazzi

Der Glockenschlag
lässt uns warten
Enten im Teich
Dosen schwimmen

Und Laub, das schwebt
Lassen wir das
Loslassen zu?
Blätter und Haut

Ziehen Kreise
schlängeln weiter
hinaus aus uns
die Linien

Paparazzi
und Pappeln
still auf
das Zeichenpapier

Fleur de Sel

Ein Rosenstrauß welk
Die Köpfe nach unten geneigt
Ein äußeres Blatt verfärbt

Die frühen Bilder
am Morgen präsenter als sonst
Traumdurchzogen war die Nacht

Vor deinem Fenster
eine Frau in Jeans und Bluse
Spiegelung und Pferdeschwanz

Du bist erschöpft
und kraftlos. Wo kommt das bloß her?
Sie schiebt die Wand dazwischen

Die Farbe des Schals
ähnelt der von Schlangenköpfen
Ihr Leuchten vor zwei Tagen

Bis die Rosen schlapp
dich beißen, halten sie Abstand
schmeißen dann die Blüten weg

Home Run

Wenn das Licht versucht
wieder Sommer zu
sein, fallen Blätter
erst recht auf Asphalt

Der Baseballhandschuh
lässt uns an Donald
Duck denken und der
Cappuccino schmeckt neu

Und Plattenspieler
werden Teil jüngster
Melancholie in
der Amygdala

Der Ficus in der Hängematte

Die Hängematte
und das Buch
Noch fünfundachtzig
Seiten im Efeu
Silageballen

Stroh, Staub und Wind
Rosenblätter dünn
im Kies. Wespenzeit
Das Mädchen mit den
Hamsterbacken schläft

Im Wippen fallen
die Strähnen ölig
ins Gewicht. Eine
gelockt. Schwärmerei
warm die weichen Knie

Traum in den
Mundwinkeln lassen
das Bild nicht los von
Elio
in Badehosen

Das Kaninchen fort
Der Ficus von damals
Wo ist er hin? Lebt
er noch? Schlaksig und
lang seine Arme

Die Gerüche bleiben
Die Sonne im Rumpf
und das Kribbeln im
Schritt. Sie verschwinden
und winken dir zu

An der Kreuzung der
Vergangenheit im
Hinterkopf gespeichert
mit dem März wirbeln
sie. Weiter

Feel the Rain on your Skin

Motoren knattern
und Blitze spalten
den Horizont

Astronauten sind
Gedanken niemals
ausgeliefert

Sie blickt auf Wasser
morgens, dort in der
Unberührtheit

In das Moos. Struktur
Ins Universum
Fließend. Krokant

Der Kapuziner im Baum

Tränen flossen
das Gesicht hinab
Schleier im Jetzt

Die Haarsträhnen
klebten auf der Nase
verdeckten die

winzig kleinen
Sommertage, als wir
im Baum lebten

Erde auf den
Knien. Die Tante kam
mit den Worten

Sanft hüpften sie
ließen hochsteigen den
Kapuziner

Flogen weg und
Lichter führten zurück
in die Kronen

Kaiserwetter

Mit dem
Erinnerungsholler
trug er
die Melancholie
ins Haus

Auf den
Tannenzapfen
der Lüfte
liebevoll sein Blick

Klangtapete einer Kindheit

Kauz und Täubchen
sie wechseln sich ab
Und im Nussbaum
Wind. Das Rotkehlchen

Vom Nachbarhof
wassermäandert
und im Garten
streicht Peter die Wand

Brettspiele und
Rummy. Platz neben
der Großmutter
mit den Ohrenclips

Hinaufschauen
knattert und klappert
unter dem Luster
still der liebe Blick

Vor der Scheune
die Ribisel und
Erbsen. Ihre Hand
Die rote Kappe

Blick nach unten
Die grünen Schoten
Wir kiefeln sie
und wechseln uns ab

Das Herz im Thermosbecher

Mit jedem Schritt schwappt
die Thermoskanne
den Blick blau hinauf
die Wände entlang

Das Kind am Rücken
Die Karawane
über Wurzeln knöchern
den heiligen Hirsch

Vor vielen Jahren
stand er hell und ließ
die Drachen steigen
die Stunden rieseln

Gestapelt blieben
die Wippe, der Wind
füllten Berge zum
Himmelhoch jauchzend

Wieder waren sie
dort: die Mutter, der
Kuckuck und das Herz
im Thermosbecher

Bis es sieben war
dann schrie der Kuckuck
hörte nicht mehr auf
Der Schwarztee klatschte

Old Lemon Tree

Ich betrachte
Wolken from
both sides now

Früher nur von
unten. Jetzt
Perspektiven

Neulich in der
Baumwolle
ein Petersil

Oder in der
Stockrose das
Zitronenblatt

II
Die Filmstadt am Rande der Kindheit

Das Kastanienlicht in den Flechtmähnen

Sand fällt von den Hufen
Kastanienlicht
von der Seite

Der Feldstechervater
mit Geschwisterpaar
auf den Beinen

Tribünen verjubeln
Kreuzchen am Zettel
richtig gesetzt

In Steppjacken gespannt
nicken mit dem Kopf
die Flechtmähnen

Verstopfte Sanduhren
zeigen nur den Sohn
im Scheibenjetzt

Bunte kleine Männer
und ihre Käppis
Startschuss und Schwung

Leberkäse und Senf
lassen die dicken
Nüstern knacken

Pferde galoppieren
Keystone Voyageur
voraus, versagt

Die Reitstunde

Aufwachen
mit einem Film
der vergessen
schien

Der Nebel
auf der Nase
Nüsse in der
Hand

Geschirr von
Pferden, Peitschen
und ein Sattel
weich

Ein Luster
aus Ähren und
Holz vertäfelt
flau

Reithose
und Stiefel an
ihren Waden
eng

Lenka steht
vor der Stallung
verfangen im
Huf

Unsere
Hände klamm, doch
Mähnen bleiben
warm

Hinaus am
Efeu vorbei
und Omi kocht
Grieß

Pinselstriche im Fenster

Haselnüsse
und Hausstaub
Das Frühjahr
reicht ins Heute

Alte Comics
und Musik
Palmzweige
vertrocknen

Die Schneeflocke
bleibt liegen
Pinselstriche
im Fenster

Jahreszeiten
verirren
wirbeln dennoch
mit dem Wind

Die Filmrolle

Stille Betrachtung
nicht Teil davon sein
zunächst
Spule der Schatten
still geworden

Zurückgeschleudert
in den nächsten Film
Schauen
und doch Abgrenzen
von den Ängsten

Tage, die länger
werden und wissen
Blitzlicht
mit dem Wagnis
der Figuren

Andere leben
auch den Film, schieben
Leben
in den Recorder
rollen die Leinwand

Vom geziegelten Terrassenheft

Das Taubenmantra
Trompetenblumen klatschen
ins Terrassenrot

Die Wespen fallen
über unser Frühstück her
zwischen Tischtuchschmuck

Opas Cremehonig
klebt an den Fingerkuppen
bittersüß im Mund

Die Wespenfallen
mit Bier gefüllt, gelb schwarz gelb
gestreift am Morgen

Schönbrunnerlicht reicht
den Wasserspiegelungen
aufmerksam die Hand

Der Filterkaffee
passt nicht zu Käsebroten
Ich trink ihn trotzdem

Blick von der Zeitung
Blütenstaub und Blätter am
Boden kehrtgemacht

Vom geziegelten
Terrassenheft die Feder
ins Blaue geschwenkt

Bis wir ausufern
Noch ist es kühl im Sommer
der Erinnerung

Sommerfrische

Willst du nicht purzeln
auf die Wurzeln schaut sie gern
mit den fünf Jahren

müde geworden
gipfeln sich Mädchen nicht auf
Die Männer voraus

Großmutti liest
Geschichten in die Lüfte
die Halme wippen

Die Erinnerung
lässt Schwarzbeeren vertrocknen
die Blätter blutrot

Brüderchen bäumt sich
die Wolken zu berühren
gierig schnallt er ab

Großvati, dein Stock!
Blick hinaus. Taler, Taler
du musst nicht wandern

Vater und die Buttermilch

Krügerl am Esstisch
Kein Morgen angebrochen
Im Kühlschrank der Speck

Vaters Buttermilch
gespritzt mit Sodawasser
Aspirin Plus C

Räuspernd und seufzend
aus dem Bett ins Bad bewegt
Rasierapparat

Im Küchenmist die
Pfeifenasche vom Abend
Geflügelknochen

Das Kind mit Küsschen
begrüßen und anlächeln
Es ist sieben Uhr

Die Kipferlkinder in der Karawankenluft

Tabakpfeifenstaub
am Jackett und der Weihrauch
zwischen den Mauern

Das Kerzerl für die
Großmutti und der Marmor
bleibt beim Gehen still

Die Kipferlkinder
möchten gern einen Blick auf
die Torten werfen

Vitrinen klirren
mit Kaffeehauben eisern
die Klaviermusik

Um neun Uhr lassen
die Boutiquen die Hüte
eingehend nicken

Mit dem Pferdeschwanz
dem goldenen Licht frönen
unter Palmen mit Eis

Die Arche Noah
will Spatzen zügig schaukeln
wohlauf in der Pest

Keine Ware mehr
in den hellen Schaufenstern
Zuckerguss am Rand

Punschkrapferl werden
immerwährend die Lust auf
Geschichten rügen

Gerti und Filax
stufabwärts an der Kirche
himmelblau vorbei

Am Markt lassen die
Artischocken die Blätter
am Pflaster zurück

Oft, erinnert sich
der Lindenwurm, haben sie
früh hinaufgeschaut

Karawankenblick
und Türme. In der Luft das
Drachengeflatter

Die Torten wiesen
geplündert und durchlöchert
die Gräber zur Ruh

Augen zu und durch
bis die Vergesser fröhlich
gelernt sein werden

Feuerszene

Vater und Feuer
in der Rauchkuchl der Fisch
Draußen Wald und Föhn

Das kleine Mädchen
das süß und bitterlich weint
Das Flammenfürchten

Tänzeln und Flackern
Tränen, die sich verdichten
die Wangen netzen

Die Gäste im Weg
Die Suche nach dem Vater
unmöglich gemacht

Die vielen Worte
verunheimlichen den Raum
machen ihn dunkel

Bauernfenster klein
Der Mann im Mond winkt ihm zu
Es weichen Tränen

Vater und Mädchen
riecht moosig in den Armen
Bangen und Streicheln

Doublemint

In den Schienen
der Vorhang reißt
den Tag in die
Dunkelheit

Hochnebel vor
den Sternen. Der
Leinenstoff in
den Wolken

Gewürze ins
Fleisch. Rosmarin
in Vaters Hand
Verhacktes

Eine Palette
in Grün und Weiß
Im Dunst schwirren
die Gärten

Melissenblatt
im Mund, leicht das
Salz und reich die
Wissenschaft

Die Filmstadt am Rande der Kindheit

Nickende Pferdeköpfe
Blökende Schafe
Gluckernder Abfluss
zum Krähenruf

Am gekiesten Weg turnen
ins eigentliche Nichts
Lass den Drachen los
am Wiener Berg

Hochhäuser nach dem elften
September. Unser Blick
aufrichtig erstaunt
mit Katzenscheu

Frischer Duft vom Erdenlaub
Gegrautes Himmelmeer
Das Vogelpaar tschilpt
in den Schlössern

Und das Pferd vom Reitstall Knoll
im gründgedüngten Feld
Buchweizenblüten
und Kleeerde

Erinnern an die Filmstadt
im Kurpark Oberlaa
Maronischalen
in der Tasche

Die Mutter mit der Freundin
schiebt den Buggy in den
Blätterhimmel und
Jakob am Arm

Ein gelebtes Kind mit dem
Handgelenk nach innen
abwesend sein Blick
steinig sein Blut

Konnte die Welt belächeln
nicht sprechen, nicht hören
sein Rumpf verbogen
sein Körper fahl

Bis die Brüder Löwenherz
winkten, sang er mir das
Lied der Flamingos
und dann nichts mehr

Blätterboden. Die Äpfel
beerdet. Sonst eine
Krähe rudert klar
den Flügelschlag

Die gepflügten Maisfelder
und der warme Dampf, der
mürb in meine Nase
aufsteigt im Jetzt

Schirme der Geselligkeit

Glühbirnen bunt
rot blau im Wechsel
mit den Schirmen
der Geselligkeit

Durch das Bild rollt
das Fahrrad, wirbelt
die Stimmen auf
Kirchenglocken laut

Leise versteckt sich
die Sonne, taucht
unter die Wolken
ins Spiel. Rosa

Flaggen im Ohr

Bleiben übrig
kurbeln Galerien
Ring und Zierbäume
schleudern wohlig

Erschütterung
passend zum Stirnband
rüttelt Blätter wach
im Dezember

Blau der Handschuh
feucht die Schnürstiefel
rattern unterm Stift
Die Grimmstraße

Kugeln golden
Krakeln, bis der Mond
kommt, aufwacht und treibt
die Kornblumen

Sitzplatz 72

Reiswaffeln pappeln wie
Föhren vor dem Fenster
Gemustertes Spitzdach
senkt die Stimmung

Kopfüber in der Luft
baumelten und brüllten
und kreischten entgegen
dem Horizont

Gezügelte Hänge
Weißt du noch, als wir kurz
entschlossen Crazy Wave
gefahren sind?

Vorgefertigt für uns
wie der Herbstflieder in
der Spätsommerhitze
Kofferzeichen

Sitzplatz zweiundsiebzig
Die Tinte triftet ins
Schwarze. Trauben in
den Mund schieben

Gelbstich verfing sich
in den Goldruten und
der Gaudepark schloss die
Pforten um zehn

Autogrill

Erster Halt: Autogrill
Espresso al banco
Der Vater zahlt

Hier ist die Luft so mild
Senza Una Donna
im Kanaltal

Eilig mit Campari
im Abendrot und still
der Wellenschlag

Die Zigarettenmutter
zufrieden, erleichtert
das Sternensalz

Noch ins Paradiso
perduto am Ende
des Tages. Giusto!

Brioche marmellata
Karamell und Vanille
auf der Wäscheschnur

Am Morgen der Vater
mit Kaffee, die Nase
in der Piccolo

Bravo Hits

Knoten im Schilf
Das Augustlicht
von der Seite
Die versnobte
Familie
bachplätschernd und
wimmelnd am Steg

Der Badeanzug schneidet
die Schenkel ein
Die ältere Cousine
schlank die Beine
Der Bruder eine Lästwanze
ohne Hemmung

Rechts im Bild der
Mittagskogel
wo die Mutter
weggeblasen
aus der Kindheit
die Vaterhand
an der Wange

Damals nicht weit vom Steindorf
Paddelnd warf er
ihr flirtend die Geste zu
Dem Mädchen, das
sie alle hässlich fanden

Der Wind im Schilf
im Kopf mit der
Bilderhektik
Rauchpartikel
glänzen still in
die Schattierung

Badehauben und Farne

Rosa klatscht uns ins Gesicht
Badehauben und Farne
hauchen die Morgenbrise
ins bewegte Bild

Holen den Schleier ins Haus
Autoschleifen der Ferne
milchumhüllt der Blumentopf
Mangold vertrocknet

Hagebutten in Orange

Rutschen ins Blaue, in neue
Episoden des Alltags
mit dem Reifen und dem Stock
an den Rändern gelb

Schulbeginn mit schwerroten Hollerdolden

Hollerdolden
schwarz und dicklich
Trauer weiden
den Glockenton
Schwer hängen sie
in den letzten
Septembertag

Susanne weint
unter der Bank
Ein Strichregen
Papier im Sand
Der Wind lässt den
Wassermantel
hineinziehen

Segeln klirren
kein Jolly mehr
Kojen tragen
das Dunkelgelb
Die Pechmarie
Wer spielt sie?
Und der Schnee?

Die blassroten Hagebutten
Die tapetenvergilbten Hortensien
Die schwerroten Hollerdolden sagten
dass bald wieder die Schule beginne
und das Licht zeichnete weich

Monselice

Autogrill und Nonnen
mit Bananen

Grau verdeckt, erst wenn es
dämmert, beißen

Halb so lustig wäre
nur ein Gurkerl

Bolla di sapone

Hochstrahlbrunnen
Zwei Knutschende
Ein Kind, das winkt
aus dem Buggy

Die Luft ist kühl
Die Sonne wärmt
in das Spielmeer
des Herbsttages

Im Wind davon
das Erinnern
an verloren
geglaubtes Nass

Sirenenton
weckt Mutter auf
Schon viel zu spät
auf dem Spielplatz

Am Brunnenrand
das Birkenlaub
das zuerst fällt
im Zeitenschluss

Dann küssen sich
Tim und Lolo
noch mit Zunge
eng umschlungen

Teufel und Elefant

Regen hinter uns
auf der Himmelfahrt
Englandhügel vor
der Scheibe klatschen

Achtzig Kilometer
ziehen wie Kaugummi
dem Elefanten entgegen
Wippt hinauf, auf und ab

Die Wipfel wie Fell
Druckausgleich im Ohr
Der Teufel vor dem
Marterl gestrandet

Schlimmer Finger

Wenn du schlimm bist
lassen wir dich barfuß über
die Weiden gehen

Wenn du schlimm bist
war der Lorbeer fuchsteufelswild
der in dir ruhte

Wenn du schlimm bist
lachen wir lauthals darüber
wie du hilflos brennst

Wenn du schlimm bist
pfeifen die Schwalben kein Lied mehr
Dann fliegen sie weg

Weil du nicht lieb warst
Weil deine Haare rot flammten
Verstehst du, Mädchen?

Point of No Return

Ein Kind spielt
mit den Stiefeln
passte sich an
vergaß den
Klatschmohn

Vergaß das
Feuerwerk in
seinen Haaren
übte sich
platzte

Begann zu
rudern im Gold
in den Regeln
den Panzern
der Zeit

Be proud!

Zurück zur Natur
Zärtlichkeit
Das Mädchen von der
Narzissenwiese
zieht sich die Hose
an und streunt herum

Be proud! Und fall nicht
aufs Goscherl!
Schwarze Punkte im
Notizbuch. Zartrosa
Die Zahnspange sitzt
Caroline, wach auf!

Wir brauchen keine
Jalousien
mehr. Wir brauchen nur
Nadeln und Stifte
um sich aufzumachen

Möwenpick

Morgens um neun
stürmen sie die
Wiesen. Malen
Flächen ins Bild

Bunte Tücher
Glamour Glitzer
am Bikini
weiße Tropfen

Ohne Schirmchen
im Cocktailglas
wird er nicht den
Sommer spüren

Sein Schwimmtier
treibt im Wasser
Der Geruch
von Pommes bleibt

Schulmäuse

Linden tragen
gelbe Kleider
Karottensaft
im Tetra Pak

Kappe in Weiß
Das Springkraut
milchsauer
vergoren

Hohe Räume
Schultaschen bunt
wolkenlos
die Portale

Reflektoren
an den Seiten
die Zöpfe
geflochten

Rost am Schranken
Schienen säuseln
die Tante
an die Hand

In die Windung
die Hemdkragen
losgelöst
aufgestellt

Arbeitswelten am Fluss

In der Ferne
Baustellen
und Bass

Arbeitswelten
und Biber
am Fluss

Pflastersteine
wetzen ab mit
dem Schritt

Blumenchor und
Rosmarin
im Topf

Zigarette
am Finger
vorbei

Kohlensäure
und zart grün
das Schilf

Schachmatt

Vierzehn Stunden
Acht Kilometer
Bald gehen die
Sommersprossen weg

Der Süden
oder Volterra
im Winterschlaf

Nicht wie die Queen
Sie kommen wieder
aber man weiß
nicht wann, fragt nicht

Erinnerung in Türkis

Stemmhammer und Sommer
vor dem Fenster betten
sich ein in den Trichter
eines Vormittages

Puppen aus Hawaii
pendeln ins Vergangene

Lassen den Regen auf
der Haut sich kugeln, bis
das Handtuch hängt und die
Zirpen draußen ächzen

Aufbruch mit dem Schlüssel
in der Hand treppab, bis
die Tür ins Schloss fällt und
die Bahn ins Weite rückt

Löffel fällt, lässt den Zug los
Null Neunundvierzig

Gstätten, Motorrad und
der Bach am Rande des
Waldes, Baumanordnung
einer Peripherie

Blätter rieseln im Wind
Lichter spiegeln im Fluss
Fische ziehen ihre Kreise

Im Dickicht Filterung
der Straßen, Dröhnen in
der Ferne oder gar ein
Strommast? Bremsenflüge

Spuren von Fahrrädern
Strom von Leitungen
Anthrazit am Himmel

Die Verlassenheit und
Zuversicht im Außen
Katzen an den Bahnen

Ameisen zum See
zum Wald. Der Sommer
damals am Ufer

Noch früh. Noch Schnee
Kirchenwirt und weiß
auf den Spitzen

Schienen, Schilf, saftig
im Vorsommer und
Schritte, Rucksack zu

Die Gedanken im Gepäck
Sie fließen. Sehen
davon, ganz weit weg

Türkis die Erinnerung
Er mit dem Buch
Er und sein Blick

Sie und der Hund
Er und der Hut
Sie und das Kleid

entstand im Juli 2021 im Rahmen des Filmprojekts „Sie“ (finnworks, abzurufen unter https://www.youtube.com/watch?v=lQV4y-eWekA)

Notting Hill

Herr Moosbrugger
wärmt die klare
Suppe auf für
das Kirschblütenfest

Peristaltik
und Fernsehen
Notting Hill im
Märzenbecherlicht

Betonmischer
abgedreht und
ein denkender
Mann verlässt das Haus

High Noon

Spinnweben
das Wasser
wie Flammen
und der Steg

Am Boden
das Nest der
Hornissen
Die Scheune

Das Ticken
und Schlagen
Ein Ringen
und Sweatshirt

Adidas
stand auf dem
Pullover
jedes Mal

Schaukeln mit
der Locke
am Schoß, bis
wir sprangen

Kletterten
auf Kutschen
obwohl wir
nicht sollten

Pingpong im
Hintergrund
und draußen
Segelmasten

Verbrannte Vanille

Pflastersteine
Wir liefen
scheuchten die
Tauben auf

Fliegende
Kopftücher und
Sellerie
im Sackerl

Eine Katze
im Transporter
und Civi
gegrillt scharf

Trauben vor dem
Tichy und der
Bub saugte
am Kipferl

Platanen in
Favoriten
Verbrannte
Vanille

Ein Zuhause
Ein Ankommen
Wenn das Blau
lachend kippt

Wenn die Haube
sich löst von der
Melange
Sesamring

Blaue Himbeeren

Runden den Tag
ab. Dazu ein
Bier mit Rosen
Die Schattenwand

Duck Tape an
den Fingern und
Himbeeren an
den Kuppen

Im September
der wohl strahlend
die Dunkelheit
vergessen hat

Gartenhandschuh
WD-40
Earl Grey Royal
und Sonnenstich

III
Der Bauch hat zu tun

Die Erde steht Kopf
Das Kind in der Schneekugel
lacht ins Geheimnis

Wann gibt's endlich Milch?
fragt die Gastritis meinen
Zwieback im Magen

Thema des Tages
Vergiss es nicht im blauen
Hortensienstrauß

Die dunklen Seiten
beachten. Dann Erzählung
Keine Medizin

Haben wir vergessen
zu atmen oder ist Luft
überbewertet?

Im Stammcafé sitzen
die Üblichen. Die Hündin
schummelt sommerlich

Und zu Hause wird
in deinem Rucksack vom Brot
der Geruch bleiben

Während sie gingen
thronte die Verletzlichkeit
in deinem Körper

Im Fokus spüre
ich deine Hände. Im Kuss
wissen wir nicht wo

To be or not to
Die Einübung ins Sterben kommt
später mit dem Reh

Der Bauch hat zu tun
Das Kind spielt dort Verstecken
Doch niemand zählt ein

Inhaltsverzeichnis

II
Die Filmstadt am Rande der Kindheit 37